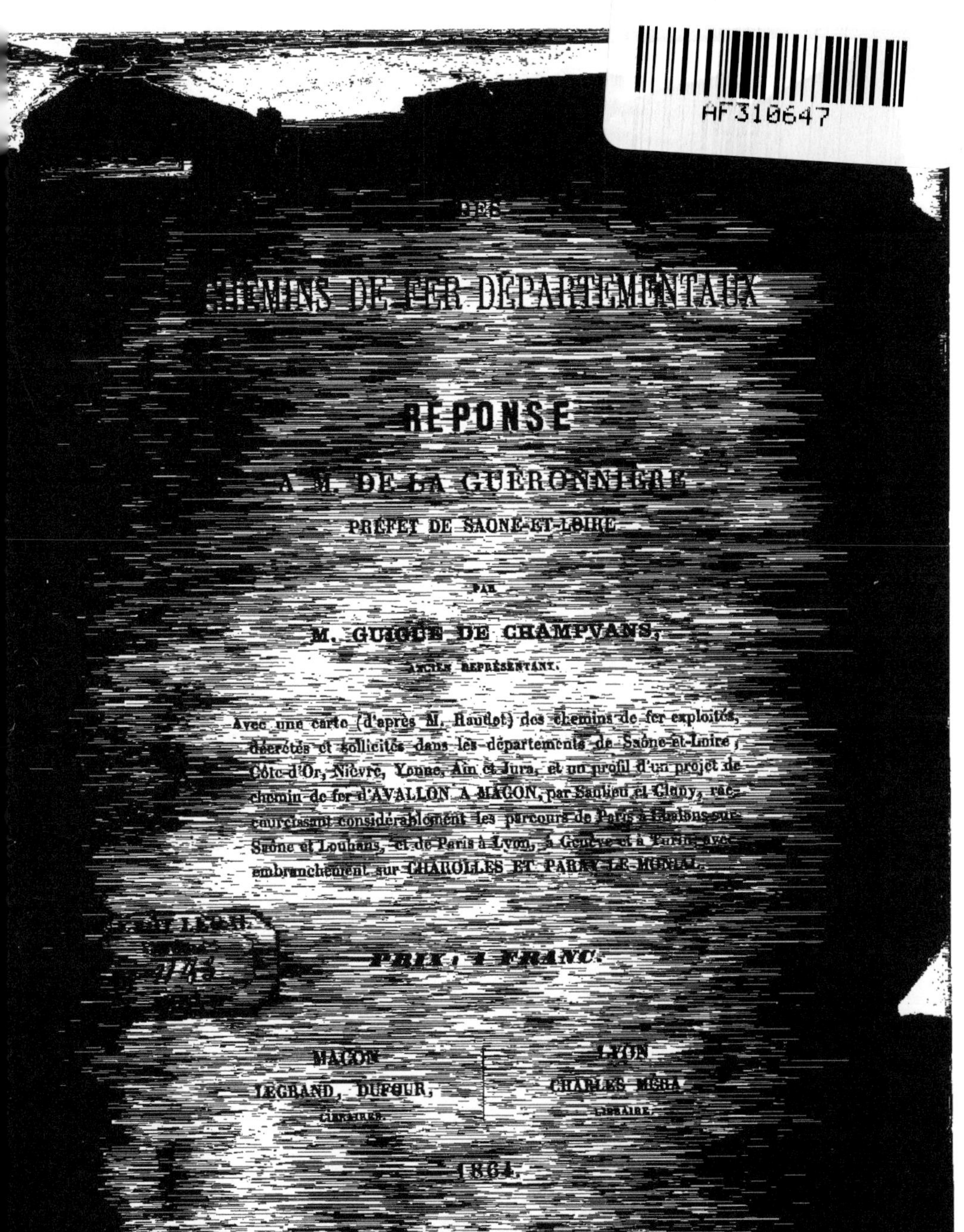

CHEMINS DE FER DÉPARTEMENTAUX

RÉPONSE

À M. DE LA GUÉRONNIÈRE
PRÉFET DE SAONE-ET-LOIRE

PAR

M. GUIGUE DE CHAMPVANS,
ANCIEN REPRÉSENTANT.

Avec une carte (d'après M. Haudot) des chemins de fer exploités, décrétés et sollicités dans les départements de Saône-et-Loire, Côte-d'Or, Nièvre, Yonne, Ain et Jura, et un profil d'un projet de chemin de fer d'AVALLON À MACON, par Saulieu et Cluny, raccourcissant considérablement les parcours de Paris à Chalons-sur-Saône et Louhans, et de Paris à Lyon, à Genève et à Turin, avec embranchement sur CHAROLLES ET PARAY-LE-MONIAL.

PRIX : 1 FRANC.

MACON	LYON
LEGRAND, DUFOUR,	CHARLES MÉRA
LIBRAIRES.	LIBRAIRE,

1864

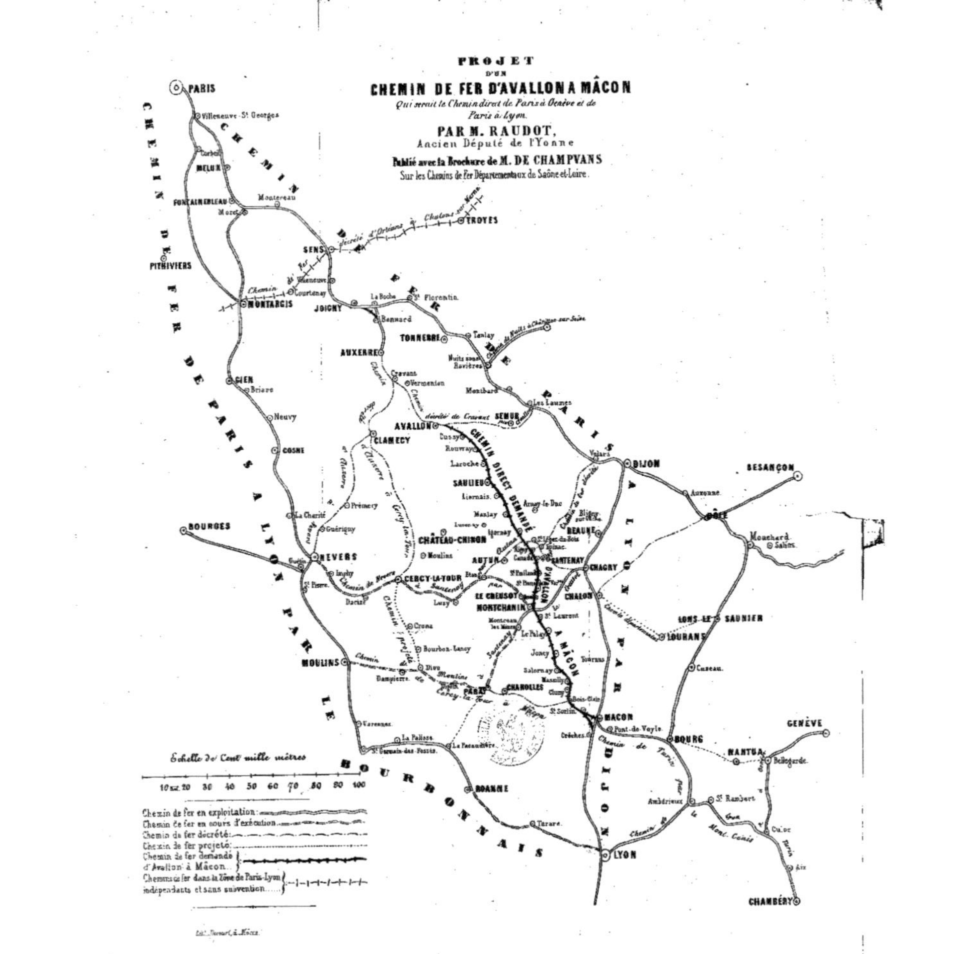

PROJET
D'UN
CHEMIN DE FER D'AVALLON A MÂCON
Qui serait le Chemin direct de Paris à Genève et de Paris à Lyon.
PAR M. RAUDOT,
Ancien Député de l'Yonne
Publié avec la Brochure de M. DE CHAMPVANS
Sur les Chemins de Fer Départementaux de Saône-et-Loire.

Echelle de Cent mille mètres
10 m. 20 30 40 50 60 70 80 90 100

Chemin de fer en exploitation :
Chemin de fer en cours d'exécution
Chemin de fer décrété :
Chemin de fer projeté :
Chemin de fer demandé d'Avallon à Mâcon...
Chemins de fer dans la Zône de Paris-Lyon indépendants et sans subvention......

PARIS
Villeneuve St Georges
Corbeil
MELUN
FONTAINEBLEAU
Montereau
Moret
TROYES
SENS
PITHIVIERS
Villeneuve
Chemin de fer
Courtenay
MONTARGIS
JOIGNY
La Roche
St Florentin
Bonnard
Tanlay
TONNERRE
Nuits sous Ravières
AUXERRE
Cravant
Vermenton
Montbard
GIEN
Briare
Les Laumes
SEMUR
Neuvy
AVALLON
Cusay
CLAMECY
Rouvray
COSNE
Laroche
Vétars
DIJON
BESANÇON
SAULIEU
Liernais
Arnay-le-Duc
Auxonne
La Charité
Prémery
Manlay
BEAUNE
BOURGES
Guérigny
CHÂTEAU-CHINON
Moulins
Montchard
Saulx
NEVERS
St Pierre
AUTUN
CHAGNY
CERCY-LA-TOUR
St Laurent
CHALON
LE CREUSOT
MONTCHANIN
LONS-LE-SAUNIER
Montceau les Mines
Le Palay
LOURANS
MOULINS
Crna
Bourbon-Lancy
Juncy
Toulon
Cuzeau
Divy
Dampierre
Salornay
Mazuilly
CHAROLLES
Chany
PARAY
Bois-Clair
St Sorlin
Varennes
Pont-de-Veyle
MÂCON
GENÈVE
La Palisse
Crèches
BOURG
NANTUA
St Germain-des-Fossés
Bellegarde
ROANNE
Ambérieux
St Rambert
Tarare
Culoz
Mont-Cenis
LYON
Aix
CHAMBÉRY

CHEMIN DE FER DE PARIS A LYON PAR LE BOURBONNAIS
CHEMIN DE FER DE PARIS A LYON PAR DIJON
CHEMIN DIRECT DEMANDÉ

Lith. Durand, à Mâcon.

DES CHEMINS DE FER DÉPARTEMENTAUX

CHEMINS DE FER DÉPARTEMENTAUX

RÉPONSE

A M. DE LA GUÉRONNIÈRE

PRÉFET DE SAONE-ET-LOIRE

PAR

M. GUIGUE DE CHAMPVANS,

ANCIEN REPRÉSENTANT.

Avec une carte (d'après M. Raudot) des chemins de fer exploités, décrétés et sollicités dans les départements de Saône-et-Loire, Côte-d'Or, Nièvre, Yonne, Ain et Jura, et un profil d'un projet de chemin de fer d'AVALLON A MACON, par Saulieu et Cluny, raccourcissant considérablement les parcours de Paris à Chalons-sur-Saône et Louhans, et de Paris à Lyon, à Genève et à Turin, avec embranchement sur CHAROLLES ET PARAY-LE-MONIAL.

PRIX : 1 FRANC.

MACON	LYON
LEGRAND, DUFOUR,	CHARLES MÉRA,
LIBRAIRES.	LIBRAIRE.

1864.

CHEMINS DE FER DÉPARTEMENTAUX

RÉPONSE A M. DE LA GUÉRONNIÈRE,

PRÉFET DE SAONE-ET-LOIRE.

I.

Je viens combattre franchement, loyalement le projet de
M. de la Guéronnière, adopté par le Conseil général de
Saône-et-Loire dans sa session de 1864.

A quoi bon? me direz-vous; ce projet a été voté par le
Conseil général, l'affaire est finie. .

Non, elle n'est pas finie. Avant que ces chemins de fer départementaux soient devenus définitifs, il faut une enquête
qui aurait dû précéder le vote, il faut les avis du Conseil
général des ponts-et-chaussées, du Conseil supérieur des
chemins de fer, du Conseil d'Etat, il faut le vote du Corps
législatif et un décret de l'Empereur.

Si l'on ne tient pas la lumière sous le boisseau, l'enquête
sera contraire à des chemins qui seraient exécutés dans de
mauvaises conditions et par des sacrifices énormes et inu-
tiles de notre département.

Les avis du Conseil des ponts-et-chaussées et du Conseil
supérieur seront opposés à des tracés et des plans défectueux au double point de vue du trafic et de la sécurité
publique.

Le Conseil d'Etat rejettera un vote illégal du Conseil général de Saône-et-Loire.

Le Corps législatif, chargé par la Constitution de veiller à ce que les départements ne fassent pas de folies financières, repoussera par son vote l'emprunt de sept millions.

Et le Gouvernement ne rendra point le décret.

Je crois donc remplir un devoir envers mon pays, en portant la lumière sur un projet conçu par une imagination féconde et avec les meilleures et les plus pures intentions sans doute, voté sans préparation par un Conseil qu'une parole brillante a fasciné, mais que la froide raison et la sagesse de la loi ne permettent pas d'exécuter.

II.

Les concessions de chemin de fer, avec subvention par l'Etat, ont donné à l'Administration un puissant moyen d'influence sur les populations. La tentation a été trop forte et l'occasion trop belle, à l'époque des dernières élections générales, pour résister, et les demandes, comme les promesses, se sont multipliées dans une telle proportion que le Ministre des finances, M. Fould, effrayé du chiffre auquel s'élevaient les subventions, a déclaré que le budget ne pouvait plus être engagé pour les entreprises de chemin de fer.

« Sur vingt mille kilomètres de chemins de fer concédés, « dit de son côté M. le Ministre des travaux publics, il en « reste huit mille à construire. Les compagnies ont encore « deux milliards et demi à trois milliards de dépenses à « faire et le gouvernement a des engagements à remplir « jusqu'à concurrence de cinq cents millions. »

En présence de cette situation, le moment semblait venu de laisser à l'industrie privée une complète liberté d'action, d'encourager l'initiative individuelle, prête à se jeter dans les grandes entreprises partout où les calculs promettent à ses travaux une récompense suffisante. Ce mode, adopté en Angleterre et en Amérique, a produit des résultats admirables et couvert ces pays de réseaux ferrés. A elle seule, l'Angleterre possède presque autant de kilomètres de chemin de fer que tous les autres Etats de l'Europe réunis. Deux motifs, nous le croyons, ont empêché le gouvernement français de suivre cet exemple, le monopole des grandes compagnies qu'il favorise à la condition de les tenir dans sa main comme les instruments dociles de ses volontés et la crainte de donner au pays l'habitude de ses propres affaires.

Les populations étaient excitées ; des engagements avaient été pris. *Ne rien faire* était impossible ; *laisser faire* n'entrait pas dans les vues de l'Administration ; qu'a-t-on imaginé ? Rien moins |que l'extraordinaire projet de faire exécuter aux frais des communes et des départements des chemins de fer vicinaux et départementaux.

M. Rouher, Ministre d'Etat, s'est chargé d'exposer le système à la session du Conseil général du Puy-de-Dôme. « Est-ce à l'Etat, dit-il, après qu'il a sillonné le territoire « du réseau de nos voies ferrées magistrales, que doit « incomber la tâche d'exécuter ce réseau secondaire destiné « à desservir des relations locales ? Non, ce mandat est na- « turellement dévolu au département ; c'est à lui principa- « lement qu'il appartient, par le sage emploi de ses res- « sources et par l'esprit de *sacrifice*, de l'enrichir de ces « puissants véhicules de prospérité, tandis que la tâche « des pouvoirs publics doit consister uniquement à donner « au Conseil général la liberté et la puissance nécessaires « à l'accomplissement de sa mission. »

Et pour cela, M. Rouher annonce que le gouvernement va soumettre à l'approbation des chambres, une *loi orga-*

nique qui augmentera les attributions des conseils généraux.

Les préfets n'ont pas attendu la loi organique pour présenter ce programme aux conseils généraux. Il y a été répondu avec hésitation par quelques-uns, avec bonne volonté et mesure par d'autres, nulle part avec un enthousiasme comparable à celui que le projet a fait éclater parmi les membres du Conseil général de Saône-et-Loire. L'étendue des réseaux proposés, l'audace des plans financiers, la crainte de sortir de la légalité, n'ont point arrêté leur ardeur et sept millions d'impôts ont été mis en une seule séance à la charge du département.

III.

M. de la Guéronnière a largement appliqué la théorie du *sacrifice*, proposée par M. le Ministre d'Etat à la vertu des contribuables. Il n'a pas moins compté sur l'inaltérable accord des pouvoirs chargés de ratifier son plan. Non content de s'adresser au Conseil général, il associe les communes à son œuvre et leur demande de payer trois fois l'impôt sous les formes variées, de centimes additionnels communs à tout le département, de centimes spéciaux s'élevant à la somme de un million, et de centimes particuliers destinés à servir une rente annuelle de 21,000 fr. M. le Préfet a-t-il prévu le cas où l'une des communes, en rejetant ses propositions, viendrait, par ce seul vote, renverser tout l'édifice ? De bons esprits doutent de la légalité de la mesure qui saisit les Conseils généraux avant la loi organique annoncée par M. Rouher. Que diraient-ils de celle qui soumet les décisions du Conseil général au vote des Conseils munipaux ? Cette première difficulté a son importance. En voici une autre encore plus grave. Ou M. le Préfet laissera toute liberté aux Conseils municipaux, et il est fort possible, comme nous venons de le dire, que le refus d'une seule commune entraîne le rejet d'un plan si laborieusement échafaudé ; ou l'Administration passera outre, et alors que restera-t-il de cette liberté municipale déjà si amoindrie ?

Le Conseil général de Saône-et-Loire s'est prononcé pour l'exécution de deux lignes ferrées, l'une de Châlon à Louhans, par la Bresse, rejoignant le chemin de fer de Bourg à Lons-le-Saulnier ; l'autre de Mâcon à Paray-le-Monial, par Charolles. Il a admis en principe, c'est-à-dire qu'il a rejeté avec politesse le chemin de fer de Tournus à Louhans (1).

Je ne m'occuperai que du chemin de Mâcon à Paray. Il mérite une étude approfondie par les promesses dont il a été l'objet, par les intérêts qu'il met en jeu et par les questions importantes qu'il soulève.

IV.

D'abord, parlons des promesses.

Il est peu de projet qui puisse se flatter d'en avoir obtenu de si augustes et de si positives ; et je m'en

---

(1) Le chemin de fer de Tournus à Louhans, poursuivi sur Lons-le-Saunier, a sa raison d'être au moins aussi bien que le chemin de fer de Chalon sur Louhans. A notre avis, il l'aurait même davantage. En tout cas, il a dû être défendu par M. de Chapuys-Montlaville, et appuyé, je le suppose, par tous les membres du Conseil général appartenant à la partie sud du département. En effet, Lyon et Mâcon sont plus intéressés à cette concession qu'à celle de Chalon. La publication des délibérations du Conseil général, prolixe sur quelques points, ne montre que silence et indifférence sur ce modeste tronçon qui n'aura fait figure que le jour de l'élection ! A-t-on du moins réservé de tirer de Louhans au chemin de Lons-le-Saunier *une ligne commune* au chemin voté et au chemin admis *en principe* ?

connais pas qui ait servi aussi longtemps de mirage pour les populations aux époques de lutte électorale. Il a coûté un nombre incalculable de jalons et de coups de niveau. Voilà quatorze ans qu'on le trace ; chaque élection en a dessiné une ligne, marqué un profil, indiqué un contour. L'heure du scrutin passée et le candidat officiel nommé, le projet rentrait dans l'ombre pour reparaître à la phase électorale suivante. Mais jamais il ne fut si près de voir le jour de triomphe qu'en 1863.

C'était la date fixée pour le renouvellement des députés au Corps législatif. Les gouvernements ont toujours redouté cette période d'agitation. C'est à ce moment aussi qu'ils accueillent le plus favorablement les demandes. Une grande impulsion fut donnée, dès l'année 1862, aux travaux d'intérêt public réclamés par les populations, et le chemin de Charolles se trouva compris dans le mouvement. Un comité mâconnais, formé par les soins de M. Ponsard, alors préfet de Saône-et-Loire, se concerta avec les délégués du Haut-Nivernais, pour solliciter du gouvernement l'exécution d'une grande ligne de Nevers à Mâcon par Charolles. Dans une pétition adressée au Ministre, toutes les raisons d'intérêt agricole, commercial et stratégique, en faveur de la ligne qui devenait la voie directe entre l'Est et l'Ouest et qui pouvait relier en quelques heures les provinces extrêmes de l'Océan aux frontières de la Suisse et de l'Italie, furent invoquées. On évalua la dépense ; elle n'atteignait pas 16 millions de francs, et le tableau fut complété par le renseignement fort important à noter que *deux compagnies s'étaient successivement formées* pour solliciter, SANS AUCUNE SUBVENTION de l'Etat, le bénéfice de cette concession. « La Compagnie de Paris à Lyon, « disait encore la pétition, fait elle-même des démarches « dans le même sens. »

Cette adresse est datée du 19 avril 1862; une supplique présentée à l'Empereur répète les mêmes arguments. La députation de Charolles et de Mâcon , à laquelle s'était adjoint M. de Barbantane, lui fut présentée le 8 juin et en rapporta des espérances. Le 23 juin, M. Schneider échangea, avec le Ministre des travaux publics, une correspondance relative à la concession obtenue des lignes de Chagny à Moulins et Nevers, et sollicita de nouveau l'exécution du tracé de Mâcon à Paray. Le 7 juillet, dans un voyage à travers les provinces du Centre, l'Empereur devait s'arrêter à Nevers ; les délégués de Saône-et-Loire avertis se joignirent à ceux du Nivernais pour obtenir du chef de l'Etat une décision favorable, et le *Journal de Saône-et-Loire*, dans son numéro du 9 juillet, publia une dépêche télégraphique, expédiée de Nevers, par M. Piot, membre du comité, et depuis maire de Mâcon et membre du Conseil général, qui était ainsi conçue : « LE CHEMIN DE FER D'AUXERRE A « MACON A ÉTÉ ACCORDÉ PAR L'EMPEREUR. — « SUCCÈS COMPLET. »

L'*Echo du Charollais* donna, sur la réception faite par l'Empereur aux députations, des détails intéressants qui concordent parfaitement, selon le *Journal de Saône-et-Loire*, avec ceux qu'il avait eus lui-même. « La députation, « avant d'être reçue par l'Empereur, s'entretint avec « MM. Schneider et de Barbantane et obtint *l'assurance* « *positive* que l'Empereur, sur les explications qui lui « avaient été fournies, avait accordé, savoir : au Bas-Ni- « vernais, une ligne de Clamecy à Nevers, par Varzy ; au « Haut-Nivernais, au Charollais et au Mâconnais, le che- « min d'Auxerre à Mâcon, par Cercy-la-Tour, Bourbon- « Lancy, Digoin, Paray et Charolles ; qu'en conséquence « de cette parole donnée, il n'y avait plus à *solliciter* Sa « Majesté à cet égard ; mais seulement à la *remercier*, et « que, *pour cela*, on se réunirait le lendemain. »

Le lendemain, en effet, toutes les députations attendaient l'Empereur dans le salon de la préfecture de Nevers.

« A son entrée, ajoute le journal, M. Delangle, pour les

« habitants du Bas-Nivernais, M. Dupin aîné, pour ceux
« du Haut-Nivernais, et M. Schneider, pour ceux du Mâ-
« connais et du Charollais, lui adressèrent nos *remerci-*
« *ments* et le témoignage de notre *profonde reconnais-*
« *sance*. Sa Majesté répondit qu'elle était heureuse d'avoir
« pu donner *satisfaction* à tous les intérêts dans cette cir-
« constance. »

Une dépêche télégraphique, adressée à Charolles, provo-
qua dans cette ville de vives manifestations ; les édifices
publics furent illuminés et la population se livra à la
joie.

« De ce qui précède, il résulte de la manière la plus po-
« sitive, dit encore ce journal, toujours d'accord avec le
« *Journal de Saône-et-Loire*, imprimé à Mâcon sous les
« yeux de la préfecture, que la décision de l'Empereur
« a été IRRÉVOCABLEMENT prise et l'exécution de la
« ligne de Mâcon à Auxerre n'est plus qu'une question de
« temps. C'est ainsi qu'on l'a compris à Charolles ; c'est
« ainsi qu'on doit le comprendre dans toutes les localités
« intéressées. »

<h2 style="text-align:center">V.</h2>

Chacun voulut avoir sa part de l'honneur ; les élections
approchaient. Dans une réunion d'horticulture, à Mâcon,
M. de Barbantane portait un toast au préfet pour l'énergie
qu'il avait déployée afin d'obtenir cette concession du chemin de fer. « C'est une victoire, disait l'honorable député
« de Mâcon, que nous avons remportée, victoire, j'en ai été
« le témoin, qui n'a pas été facile. N'oublions pas que ce
« résultat est dû à la justice de l'Empereur. Qu'une pensée
« de reconnaissance échappée de vos cœurs justifie ce bien-
« fait que nous verrons bientôt se réaliser, si je mesure, à
« cet égard, ma conviction à l'ardeur de mon dévoûment

« pour ma patrie d'adoption et au désir de le prouver aux
« Mâconnais mes compatriotes. »

VI.

1863 s'ouvrit sous ces heureux présages ; les élections
des députés étaient fixées au 31 mai. Le 29 avril, *l'Echo du
Charollais* publie cette note, reproduite aussitôt par le
Journal de Saône-et-Loire.

« On se rappelle que l'année dernière, lors du passage
« de l'Empereur à Nevers, la députation du Charollais
« rapporta de S. M. la *promesse* d'un chemin de fer
« d'Auxerre à Mâcon par Charolles. Nous annoncions alors
« que la question *était décidée* et que le reste n'était qu'une
« affaire de temps. Aujourd'hui, un commencement d'exé-
« cution a lieu. Il résulte de renseignements certains don-
« nés par M. le Préfet de Saône-et-Loire, lors de son pas-
« sage dans notre ville, que S. Exc. le Ministre des travaux
« publics vient de donner l'ordre de procéder de suite à
« l'étude préliminaire de la ligne qui doit traverser notre
« pays. »

Le 16 mai, le *Journal de Saône-et-Loire* publie la liste
des candidats officiels et la circulaire du comte de Barbantane, qui annonçait « le commencement immédiat des
« *études définitives*. »

A la même date, M. Lalanne, ingénieur en chef des ponts-
et-chaussées de première classe, fut chargé par décision
du Ministre des études du prolongement jusqu'à Mâcon de
la ligne d'Auxerre à Courcy-la-Tour. Un immense placard
annonce cette heureuse nouvelle aux habitants de la ville
et des campagnes.

Pendant ce temps, la lutte électorale était engagée et
M. Charles Rolland, candidat de l'opposition, se permettait
de dire aux électeurs : « N'aliénez pas la liberté devant des

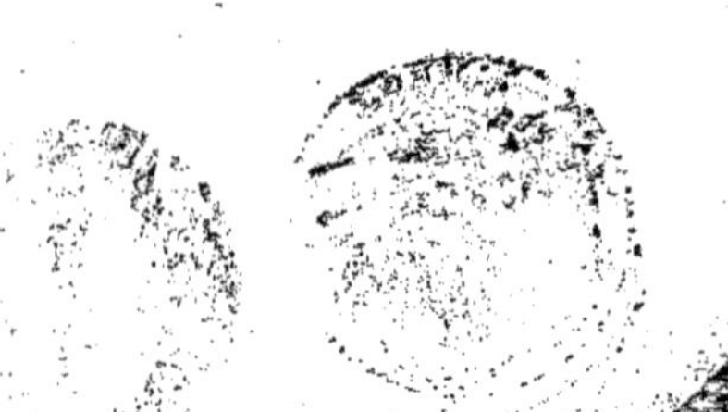

« promesses de chemin de fer, qui apparaissent à la veille
« de chaque élection et qui s'évanouissent le lendemain. »
Cette phrase indigna la feuille préfectorale de Mâcon ; elle
la déclara de trop. « On a vu par une lettre récente, dit-
« elle, que les études ont été ordonnées par le Ministre.
« Aujourd'hui même, nous publions un arrêté de M. le
« Préfet de Saône-et-Loire autorisant les ingénieurs à oc-
« cuper les terrains nécessaires pour ces études. » — Et le
journaliste triomphant s'écriait : « *Voilà comment les pro-*
« *messes s'évanouissent ! !* »

VII.

Le 27 mai, M. le préfet descendit dans l'arène pour bat-
tre en brèche la candidature de M. de la Guiche, dont le
nom illustre est aussi le plus populaire du Charollais, et
pour recommander M. de Chizeuil aux électeurs.

« N'oubliez pas, dit M. de la Guéronnière, que M. de
« Chizeuil, président de l'un des comités qui sollicitent le
« chemin de fer de Cercy-la-Tour par Charolles, a été mêlé
« à toutes les démarches faites dans l'intérêt de votre ar-
« rondissement. Cette grande ligne est aujourd'hui décidée
« et les études définitives sont commencées. (Toujours les
« études définitives !) Il reste à traiter les questions de
« tracé, *à hâter les délais d'exécution.* Qui pourra mieux
« soutenir vos intérêts près du gouvernement que l'homme
« recommandé au pays par le gouvernement lui-même ?...
« Electeurs, *votez en masse* pour M. de Chizeuil !... »

M. le maire de Mâcon sollicite non moins vivement ses
administrés. M. de la Guéronnière parle en maître ; avec
M. Piot, le ton devient paternel et intime.

« A Nevers, leur dit-il, lorsque l'Empereur nous donnait
« SA PAROLE pour l'exécution du chemin de fer du Cha-
« rollais, nous lui promîmes, en votre nom, dévouement

« complet. Faites honneur à notre engagement si vous vou-
« lez qu'*au besoin* nous puissions lui rappeler le sien. »

Ceci ressemble singulièrement à un marché et dénote une prudence excessive, je dirai presque irrespectueuse envers le Souverain, que M. le maire paraît soupçonner de pou-voir manquer à sa parole « *au besoin !* »

La scène se termine par l'ouverture du scrutin. Les candidats officiels furent tous élus, et les électeurs de Saône-et-Loire sans doute contents.

VIII.

Que se passa-t-il à dater du mois de juin dans les régions du pouvoir? Je l'ignore, mais il est certain que M. le Préfet de Saône-et-Loire, après s'être élevé dans son langage jusqu'au dernier degré de l'affirmation, descendit la pente inverse avec une habileté et un art de la nuance qui méritent d'être remarqués.

« Le gouvernement, dit M. de la Guéronnière (session « de 1863), placé entre deux grands devoirs : l'obligation de « ménager les finances de l'Etat et des Compagnies (1), et « le désir de ne rien refuser de ce qui est justement récla-« mé par l'intérêt général, nous a donné plus d'une preuve « de sa *sollicitude*..... On vous a dit l'année dernière les « *bonnes assurances* données par l'Empereur lui-même « pour le chemin de fer de Cercy-la-Tour à Mâcon... Les « *études se font* et les projets pourront bientôt subir des « formalités qui doivent toujours précéder la concession ou « la mise en adjudication du chemin de fer. » Des *pro-messes*, nous commençons à dérailler sur la *Sollicitude* et

____

(1) D'après cela, le Gouvernement aurait donc, en une certaine mesure, la libre disposition des finances des compagnies, s'il peut à sa guise les ménager ou ne pas les ménager ?

les *Bonnes assurances*. Ecoutons maintenant le discours d'ouverture de la session de 1864 et voyons où nous avons versé.

« Un moment on a pu croire que l'exécution des chemins « si vivement réclamés allait être commencée. C'est dans « cet ordre d'idées que je vous entretenais l'année dernière « à pareille époque. Je renouvelai à diverses reprises au- « près du gouvernement la demande d'une prompte réali- « sation des *Espérances* (des assurances nous passons aux « espérances !) que sa bienveillance avait fait concevoir.....

« Mais, vous le savez, Messieurs, la question des che- « mins de fer se rattache à des considérations de l'ordre « le plus élevé et le gouvernement n'est pas toujours libre « de céder à l'entraînement que lui feraient facilement « subir la connaissance des besoins d'une contrée et son « désir de leur donner satisfaction..... »

Et plus loin, à la page 39 : « Quant à la probabilité « d'une construction prochaine de nos chemins de fer avec « les fonds de l'Etat, je considère que c'est là *une espé-* « *rance pleine d'incertitudes.* »

Hélas ! M. de Chizeuil, où étiez-vous pour hâter les dé- lais d'exécution ? Et vous, M. le Maire de Mâcon, pour rappeler l'engagement auquel vos administrés avaient fait honneur en nommant M. de Barbantane ?

Encore un discours, et non seulement nous apprendrons qu'il faut renoncer au chemin de fer, mais nous saurons pourquoi. « Si le chemin de Charolles n'a pas été compris « dans les dernières concessions, c'est d'abord parce que « les études du chemin n'avaient pas été faites. » (Discours de M. le Préfet).

Que faisait donc M. Lalanne nommé par le Ministre pour présider à ces études ? A quoi s'exposait M. de Barbantane qui les avait déclarées entreprises ; et M. de la Guéronnière lui-même qui nous disait : « Cette grande ligne est aujour- « d'hui décidée et les études définitives sont commencées. »

Mais n'insistons pas, car il devient quelquefois embarrassant d'avoir par trop raison.

« Devons-nous continuer nos sollicitations, ajoute M. de
« la Guéronnière ? Faut-il croire à leur prochaine effica-
« cité ? Est-il prudent et sage de chercher si en dehors du
« concours de l'Etat, il ne reste plus qu'à courber la tête
« devant des difficultés insurmontables et à tout espérer
« du temps et de l'avenir ? »

IX.

Cette phrase est tout à la fois une conclusion au chapitre des promesses et une préparation au nouveau plan que M. de la Guéronnière propose au Conseil général. Elle termine pour nous cette série de citations qui sont toute une histoire dont nous laissons la moralité à tirer au public. Le département, après avoir battu des mains, remercié, acclamé, voté et illuminé, est prié de payer le festin auquel on l'a convié...... La carte se monte à sept millions.......
« *Voilà*, dirai-je à mon tour, mais avec plus de vérité que
« le *Journal de Saône-et-Loire, voilà comment les pro-
« messes s'évanouissent!!!* »

X.

On nous répondra peut-être : « Pourquoi vous appuyer
« sur une promesse impériale qui ne pouvait être que con-
« ditionnelle? » L'article 4 du sénatus-consulte du 25 dé-
cembre 1852 porte : « Tous les travaux d'utilité publique
« sont ordonnés ou autorisés par l'Empereur; néanmoins,
« si ces travaux ou entreprises ont pour condition des en-
« gagements ou des subsides du Trésor, le crédit devra être
« accordé ou l'engagement ratifié par une loi avant la mise

« à exécution. » Cela est vrai. Si les deux compagnies dont nous avait parlé la pétition à l'Empereur s'étaient évanouies, si aucune autre ne se présentait pour faire le chemin sans subvention, qu'allait-on demander au chef du Gouvernement lors de son passage à Nevers, et quel état fallait-il faire d'une promesse limitée par la Constitution, et qui trouvait dans cet article 4 un moyen pour se soustraire à la pression des électeurs et aux étreintes de la reconnaissance ? Nous conseillons néanmoins à ceux qui ont su tirer si bon parti de ces promesses, de ne pas se servir de l'argument ? Quand on est mal engagé, les explications ne servent qu'à faire ressortir les maladresses et la fausseté des situations. J'aimerais mieux garder le silence que de répondre comme M. Chagot, député de Châlon. Après tout « *aucune époque n'avait été fixée* » pour l'exécution de la promesse. Les débiteurs embarrassés pour payer leurs dettes connaissent depuis longtemps ces raisons-là.

XI.

Il est surabondamment prouvé que des promesses positives, faites et répétées à plusieurs reprises, n'ont pas été tenues. Les députés qui se sont servis des promesses pour appuyer leur élection, nous diront peut-être un jour ce qu'ils ont fait auprès du Gouvernement pour soutenir nos intérêts ?

XII.

Le département prendra-t-il en silence son parti de la déception ? M. de La Guéronnière y compte. Je crois cependant que pour un peuple qui a eu trente-six ans de gouvernement constitutionnel et qui possède le suffrage universel, il y a une autre conduite à tenir ; et l'on aimerait voir une contrée comme le Mâconnais, qui a su conserver ses Etats particuliers jusqu'à la Révolution, défendre avec énergie ses intérêts. Au lieu de commissions nommées par l'Administration, de sollicitations stériles au préfet, de suppliques transmises par lui au Ministre, pourquoi ne formons-nous pas nous-mêmes *nos comités* pour porter avec convenance et indépendance nos justes réclamations auprès du Gouvernement, suivre l'affaire à Paris, dans le département et auprès des Compagnies? Cette conduite a été mise en pratique dans un chef-lieu voisin et la Franche-Comté se couvre de chemins de fer que nous lui envions moins encore que son patriotisme. Le découragement est le vice des peuples asservis ; ne tombons jamais dans ce vice là ! Un de nos publicistes les plus distingués, membre de l'Institut, disait dernièrement : « Que faut-il faire? Continuer à se plaindre et à se défendre. »

Je suis de l'avis de M. L. de Lavergne sur l'efficacité des plaintes et j'ai des raisons de croire que si le département avait su montrer plus d'indépendance en temps opportun, il aurait obtenu satisfaction. Quand une Compagnie anglaise se présentait, il y a une dixaine d'années, pour faire à ses risques et périls notre chemin de fer, quand plus tard la Compagnie de Genève demandait à poursuivre sur Moulins les travaux achevés à Mâcon et que de puissants intérêts particuliers faisaient avorter l'entreprise, je reste convaincu que si le département avait eu des organes libres, attachés au sol, pour défendre sa cause, l'intérêt général l'eût emporté sur l'intérêt privé. Le monopole est odieux en France ; pour lui enlever sa puissance, il suffit de le dévoiler !

Voulez-vous un exemple de ce que peuvent l'initiative privée et la volonté? Voyez ce qu'un seul homme, M. Schneider, a obtenu au profit de la partie du département où sont placés ses plus grands intérêts matériels :

Le Creuzot. Il suffit d'ouvrir la carte géographique de Saône-et-Loire pour embrasser d'un seul coup d'œil le réseau serré de chemins de fer exécutés ou concédés qui rayonne dans toute la circonférence dont le Creuzot est le centre. Embranchement du Creuzot à Chagny par Mont-Chanin, chemin de Mont-Chanin à Moulins, chemin du Creuzot à Cercy-la-Tour et à Nevers, de Cercy-la-Tour à Clamecy, chemin du Creuzot à Autun et à Epinal par Étang; tout ce qui peut approvisionner de houille et de minerai l'importante usine, ou lui assurer des débouchés faciles, a été conçu, proposé, obtenu avec une habileté, une patience, un bonheur admirables. L'État a fourni des subventions et garanti des minimums d'intérêts considérables. Sans doute l'industrie mérite des encouragements, et le récent traité de commerce faisait peut-être de tant de faveurs un acte de prudence; on ajoutera et je ne le nie pas, que M. Schneider jouit d'une grande influence auprès du Gouvernement, que le vice-président du Corps-Législatif, le député d'Autun, le président du Conseil général de Saône-et-Loire, le membre du Comité d'administration de la Compagnie de Lyon, le régent de la Banque, etc., est dans une situation exceptionnelle et sait en tirer parti; mais, je le répète, l'association, lorsqu'elle demande une chose juste, peut bien obtenir une partie de ce qu'a obtenu un seul homme, si haut soit-il; il y a le poids des intérêts publics en faveur de la ligne de Paray à Mâcon et la force que confère le droit électoral aux populations lorsqu'elles demandent justice, pour obtenir autre chose que les regrets du Gouvernement.

XIII.

M. de La Guéronnière nous propose une compensation : « Quand un obstacle se dresse devant nous, dit-il, il faut le

« franchir ou le tourner et non pas s'abandonner à un dé-
« couragement stérile. » Très-bien, mais à la condition de
poursuivre toujours le vrai but, sans se laisser détourner
par son ombre ; or pour exécuter la ligne, qui est de l'avis
même de M. le Préfet « le tronçon d'une grande artère di-
« recte, entre Genève, la Suisse, Mâcon, le centre et l'ouest
« de la France, Nantes, Saint-Nazaire, la Rochelle, » M. de
la Guéronnière nous offre un chemin de fer à une seule
voie, avec des pentes de 20 millimètres, des courbes de
300 mètres possibles pour des « *chemins destinés à un service restreint*», des lacets fâcheux, un chemin dont les combinaisons financières écrasent le département, engagent
l'avenir jusqu'à la dernière année du siècle, menacent la
fortune des communes et se jouent de la légalité. Nous
avions en perspective un chemin de fer de grande trac-
tion, destiné à combler une lacune importante du premier
ou tout au moins du second réseau, au lieu de cela on
nous présente un projet de chemin de fer insuffisant,
amoindri, dangereux et dont les contribuables auront à
payer les frais ; évidemment, il n'y a pas compensation ;
nous perdrons des deux côtés !

XIV.

Voici ce que le rapport dit du tracé :

« La ligne partant de Mâcon traverse les riches vigno-
« bles qui entourent le chef-lieu du département, *touche*
« une ville importante, Cluny ; *revient* dans la vallée de la
« Grosne, franchit les faîtes qui la séparent de la Semence,
« traverse Charolles et se réunit à Paray au chemin de
« Chagny à Moulins. — Les passages du Bois-Clair et du
« col de Vaux, s'opèrent par deux souterrains, le premier
« de 450 mètres, le second de 100 mètres. »

L'obstacle principal est la traversée du Bois-Clair. Les

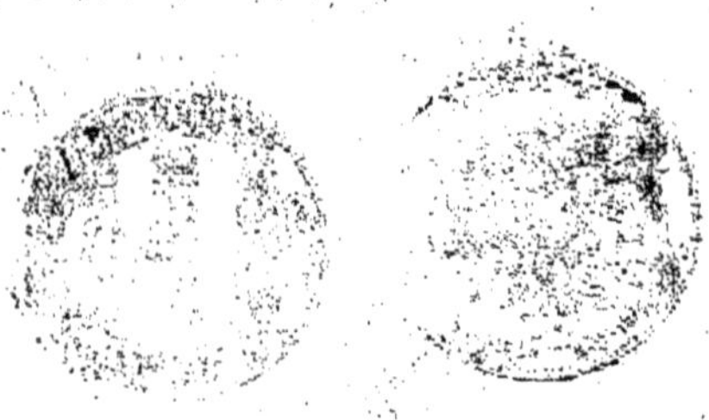

ingénieurs de l'Etat avaient résolu la difficulté par le percement d'un souterrain de 2,900 mètres (il peut être réduit
à 1,900 mètres avec des rampes de 10 millimètres). Les conditions économiques imposées par le programme préfecto-
ral aux ingénieurs du département ont nécessité un système de lacets qui réduisent effectivement le souterrain
projeté à 450 mètres, mais qui allongent le parcours de
4 kilomètres avec de longues rampes, de deux centimètres
par mètre. Pour arriver à ce que M. le préfet appelle *tou-
cher* la ville de Cluny, mais en réalité pour la laisser à près
de trois kilomètres de distance, il faut engager les wagons
dans une impasse, puis la gare, mais non la ville, touchée,
les faire rétrograder et reculer jusqu'au point de départ de
cet embranchement sans issue, pour reprendre la route de
Charolles ! Je le demande, est-ce un bon tracé ?

XV.

La difformité du chemin paraît surtout lorsqu'on le compare aux deux lignes dont il doit être le trait d'union. Entre
Genève et Mâcon, le chemin se déroule sur deux voies,
dans toutes les conditions de la puissance et de la sécurité ; de Paray à Moulins, il aura les mêmes proportions ;
entre Mâcon et Paray, ce n'est plus qu'un étroit et dangereux défilé, un chemin de traverse.

Les Compagnies redoutent de pareilles conditions de
tracé, économiques pour la construction, mais ruineuses
sous le rapport de l'exploitation. La nécessité de roues ac-
couplées, les précautions exigées pour éviter les accidents,
le ralentissement des trains, la diminution du poids trans-
portable, trompent les calculs ordinaires des frais et pour
ne citer qu'un exemple, il est certain qu'au Sommering, entre Vienne et Trieste, la Compagnie Lombardo-Autri-
chienne en est aux regrets de n'avoir pas fait un tunnel de

trois à quatre kilomètres, au lieu des magnifiques lacets qui franchissent la montagne et qui sont pour elle une cause de pertes énormes.

Voit-on les trains de marchandises et de voyageurs venus à grande voie et de toute vitesse, d'Italie ou de Suisse, arrêtés dans le Mâconnais et, pour traverser une contrée si riche et si facile d'accès, prendre des précautions et des mesures, bonnes tout au plus sur le chemin de fer franco-suisse de Pontarlier ou sur la ligne escarpée de Turin à Gênes? Encore une fois, le chemin est manqué!

XVI.

Si nous considérons à présent l'ensemble des combinaisons financières proposées pour en assurer l'exécution, nous y trouverons des obstacles plus graves à franchir que les sommets du Bois-Clair, et résolus cette fois avec une hardiesse et une confiance qui brisent toutes les entraves; mais avant d'entreprendre cette démonstration, disons quelques mots des chemins de fer vicinaux dont l'acte de naissance vient à peine d'être formulé.

XVII

Les premiers essais ont été tentés dans le Bas-Rhin. Le département est riche, les communes possèdent des revenus considérables, les travaux de grande, moyenne et petite vicinalité, sont terminés; le préfet proposa d'employer les ressources communales à la création de chemins de fer vicinaux destinés à relier les chefs-lieux de canton aux grandes voies ferrées; dans la plaine de l'Alsace, ils ne présentaient aucune difficulté. La loi de 1836 sur la vicinalité pouvait tenir lieu de jurisprudence sur la matière. Son mécanisme est simple. Les Conseils municipaux, les Conseils d'arrondissement, donnent leur avis sur les chemins ; les Conseils généraux classent et votent, aident au besoin par des subventions ; les préfets exécutent et rendent compte. La loi ne spécifie pas quel sera le mode de construction des chemins et laisse à cet égard une latitude qui peut s'interpréter en faveur du progrès des découvertes modernes.

C'était de la part des intéressés affaire d'appréciation ; ils se montrèrent de l'avis du préfet. On procéda à l'examen des lignes proposées en suivant les règles administratives ordinaires : Etudes, projets, enquêtes, votes des communes, prestations en nature, centimes additionnels, offres des particuliers, avis du Conseil d'arrondissement, vote du Conseil général, tout fut calqué sur la loi du 21 mai 1836. Mais le préfet et le Conseil général du Bas-Rhin n'avaient pas l'intention de terminer eux-mêmes ces chemins de fer, de placer ces rails et de les exploiter. Ils ne voulaient faire et ne firent que les terrassements et concédèrent leurs chemins ainsi faits à la Compagnie de l'Est qui, moyennant une subvention du département de cinq mille francs par kilomètre une fois payés, se chargea de placer les rails et d'exploiter. L'inauguration du premier chemin de fer vicinal a eu lieu tout dernièrement.

XVIII.

Ce précédent peut-il nous servir de règle ? M. Chagot, rapporteur de la Commission des chemins de fer, dans le Conseil général, ne le croit pas. Nous sommes loin d'ailleurs d'être dans la position brillante du Bas-Rhin. La plupart de nos communes sont sans revenus, et l'achèvement de notre réseau vicinal se fera longtemps attendre.

« Suivre l'exemple du Bas-Rhin, estime M. Chagot, très-

« rigoureux à l'endroit de la légalité des chemins de fer vi-
« cinaux, serait s'exposer à de justes critiques, d'autant
« que la jurisprudence, bien qu'elle ait sanctionné ce qui
« a été fait dans le Bas-Rhin et dans quelques autres dé-
« partements, *n'est pas bien sûre* en cette matière. »

M. de la Guéronnière est plus absolu. « Il faut chez nous,
« dit-il, *renverser* la base adoptée à Strasbourg. En Al-
« sace, les ressources communales formaient le contin-
« gent principal et le département subventionnait. Ici,
« au contraire, c'est au budget départemental que je de-
« manderai les plus grands sacrifices, et je n'aurai recours
« aux communes que pour en obtenir des allocations sem-
« blables à celles qu'elles offrent souvent pour l'ouverture
« ou la rectification des routes. Les chemins de fer d'em-
« branchement se sont appelés ailleurs chemins *vicinaux*;
« la dénomination des nôtres me semblera plus exacte en
« les appelant *chemins de fer départementaux.* »

XIX.

L'absence de législation sur la matière ressort de ces
tâtonnements et de ces variations. Craignons qu'elle ne
jette le désordre et la confusion dans ces travaux préma-
turés. Tel préfet se trace son cercle et s'y renferme, tel
autre le trouve trop étroit et s'en affranchit; les uns mar-
chent sans lois et d'autres contre les lois. M. Chagot est
d'avis que le plan de M. Migneret, préfet du Bas-Rhin,
soulève de justes critiques et trouve tout naturel (ce qui est
infiniment plus loin de la légalité) de faire imposer les communes par le Conseil général. M. de la Guéronnière sait bien
que la chose n'est pas si facile, et dirait mieux que personne
à quel point nos vestiges de liberté communale le gênent
dans son projet; mais, ici, nous approchons de l'écueil et
c'est l'exposition des plans financiers qui nous permettra

de traiter cette question si délicate et si importante de la légalité méconnue par le premier magistrat du département et par son Conseil général, sauf une seule voix qui proteste et deux ou trois peut-être qui se sont abstenues !

XX.

La combinaison adoptée par le Conseil général frappe sur les habitants du département un impôt total de sept millions. Cet impôt énorme, relativement à un chiffre de ressources qui ne s'élève pas à 300,000 fr. (1), pèse sur un nombre d'années plus accablant encore et absorbe jusqu'en l'an 1900 les revenus du département, connus sous le nom de centimes extraordinaires. Les communes intéressées à la construction du chemin sont taxées au sixième de la dépense, soit un million et à 21,000 fr. d'annuités.

Les capitaux doivent être obtenus immédiatement au moyen d'un emprunt contracté auprès du Crédit foncier ou par le moyen de toute autre combinaison financière.

XXI.

Le vice du plan saute aux yeux. De tous les corps reconnus par la loi, le département est, sans contredit, un des plus pauvres. Les communes possèdent ; l'Etat a ses domaines et l'impôt remplit ses caisses ; le département, lui, n'a que des charges, et quelques centimes additionnels réservés sur l'impôt, composent le maigre budget avec lequel il doit suffire à la construction et à l'entretien de bâtiments onéreux et des routes départementales, au service des aliénés, etc., etc.

(1) Rapport de M. de La Guéronnière, p. 9, session de 1863.

Depuis surtout qu'il a été reconnu nécessaire de bâtir des palais dans tous les chefs-lieux et que la plus mince sous-préfecture ne peut se passer d'un hôtel splendide, les dépenses départementales se sont singulièrement accrues et le *centime extraordinaire*, réservé pour les cas exceptionnels, n'a conservé de sa première destination, que le souvenir et son nom. Il s'appelle *extraordinaire*, et malheureusement rien n'est plus *ordinaire* que lui; on le trouve partout et toujours!

Le Conseil général a porté, dans ces dernières années, son chiffre à 13 c. 5/10 c., et en a réglé l'emploi et la durée jusqu'en 1870. La majeure partie est affectée au développement de la vicinalité très-imparfaite dans notre départetement. C'est à ce budget, obéré jusqu'en 1870, que M. le Préfet vient demander cinq millions pour le seul chapitre des chemins de fer départementaux. Et pourquoi voulez-vous construire vous-mêmes des chemins de fer départementaux, puisque vous n'avez rien pour les faire et rien pour les payer? Il faut des chemins de fer, sans doute; notre pays est las d'attendre; mais, pour le satisfaire, adressez-vous ailleurs! — Pardon, dit le rapport, si le présent nous refuse, l'avenir nous donne, et en escomptant aujourd'hui à un taux, il est vrai, fabuleux et pendant trente ans les 13ᵉ centimes extraordinaires, nous obtiendrons les cinq ou six millions dont nous avons besoin.

XXII.

Cette manière de se tirer d'embarras et de trouver toujours de l'argent, en s'appropriant l'avenir, est un des traits les plus caractéristiques de l'époque. L'avenir est complaisant et se prête à tout ce qu'on lui demande, quitte à ne pas tenir les engagements contractés en son nom. Aussi, comme on en use largement avec lui! Toutes ces années, évoquées jusqu'en l'an de grâce 1900, se lèvent et répondent à l'appel comme les esprits. 1869 et 1870 donneront 2 c. 1/2. C'est une obole. 1871 et 1872 s'engagent pour dix : 1873 prête serment pour huit et les vingt-huit années qui suivent jurent au même impôt fidélité et obéissance. Mais s'il survient quelque catastrophe, un cas extraordinaire, se hasarde timidement à dire un spectateur sceptique ? — Le présent se fâche et lui répond : « Pourquoi cette prévision « plus qu'éventuelle ? pourquoi cette recherche exagérée « de l'avenir ? Si nous étions frappés d'un désastre ?—(Ici « le présent se fait humble et veut bien admettre la possi- « bilité d'un incendie comme à Limoges et peut-être même « d'une inondation, quoique une lettre célèbre nous ait « promis qu'il n'y en aurait plus.) — Est-ce vous qui trou- « veriez mauvais de franchir la limite des 13 centimet ex- « traordinaires pour faire un si généreux emploi des deniers « publics ? »

D'ailleurs, pourquoi rester en arrière, lorsqu'on prend la peine de nous instruire que trente-deux départements supportent plus de centimes que nous ? A bon entendeur, demi-mot suffit !

Une institution qui avait été fondée pour venir au secours de la propriété gênée, le Crédit Foncier, menace de tourner contre son but par les facilités qu'il donne à ces combinaisons financières. Les prêts aux villes et aux départements sont cause, plus qu'on ne le pense, de telles prodigalités. Il ne viendrait jamais à la pensée d'un Conseil général de disposer pendant trente-six ans des centimes additionnels d'un département pour établir des chemins de fer, s'il lui fallait le même laps de temps pour les exécuter. Un impôt qui se prélève et s'emploie chaque année rappelle aux administrateurs la faiblesse de leurs moyens et sait les forcer à la prudence. S'ils parviennent à escompter le temps par quoi seront-ils donc arrêtés ?

La propriété qui emprunte donne en gage la valeur représentative double ou triple du capital accordé. Il devient bien vite difficile pour elle d'abuser du moyen. Mais les départements qui empruntent sans gage et qui prennent leurs besoins ou leurs fantaisies pour la mesure unique de leurs demandes, hypothéquant (1) au Crédit Foncier les futurs contingents de l'impôt, sur quelle pente ne vont-ils pas glisser?

XXIV.

Le Conseil général a voté 7 millions. M. le Préfet déclare aujourd'hui ce chiffre suffisant; ses calculs sont-ils exacts? Peut-il affirmer qu'ils ne seront pas dépassés? Est-ce que l'expérience ne démontre pas tous les jours que les dépenses excèdent toujours et souvent de beaucoup le chiffre des devis (2)? Un honorable membre du Conseil, M. Dariot, soutient déjà que ce résultat est certain pour les chemins départementaux, et compte, non sans vraisemblance, sur une dépense de 10 millions. Le chemin de fer, de Mâcon à Charolles et à Paray, bien établi, les absorbe à lui seul. Que sera-ce donc avec le chemin de fer du Louhanais, à exécuter? Les 13 centimes deviendront-ils 26? En pareille matière, lorsqu'il y a des contestations et des différences de cette importance, cela mérite réflexion, et le Conseil général, en votant de confiance et pour plaire au jeune et brillant administrateur du département (j'appelle voter de confiance être saisi d'un projet le lundi, s'en faire présenter le rapport le jeudi et l'approuver le vendredi), a fait preuve, je le crains, d'une inconcevable légèreté. A la manière dont

(1) Est-ce bien solide ?

(2) On est d'autant plus de cet avis que les seuls frais d'étude pour un chemin qui ne doit coûter que 100,000 fr. par kilomètre, et une somme totale de 7 millions, sont portés à 500,600 fr. ! A ce prix les études seront bien supérieures au chemin.

on procède, il serait, il est vrai, tout aussi facile de se pro-
curer 26 ou 30 centimes que 13, et de voter l'impôt jusqu'en
2,000 pour emprunter 15 ou 18 millions.

XXV.

Je n'ai jamais oublié les indignations de Mirabeau,
devant les emprunts de Necker. « C'est tromper le peuple
« sur sa véritable situation, c'est enivrer les gouverne-
« ments en leur présentant comme faciles tous les projets
« de dépense ; c'est rejeter sur les générations futures le
« fardeau des iniquités d'un ministre, qui ne voit que sa
« gloire personnelle et ses succès présents. Peuple cré-
« dule ! hâtez-vous de l'admirer, vos enfants le maudiront
« un jour ! »

Ce vote du Conseil général de Saône-et-Loire a été pris,
d'ailleurs, en violant toutes les règles et est nul de soi.
Comment ! Pour voter une route départementale, un chemin
de grande communication, le Conseil général doit avoir
sous les yeux l'avis des Conseils d'arrondissement et des
Conseils municipaux intéressés, le procès-verbal d'une enquête publique parce que le bon sens et la loi disent que
le Conseil général ne doit voter des travaux publics et des
dépenses qu'en parfaite connaissance de cause, et le Conseil
général pourrait sans enquête préalable, sans avis des
communes et de tous les Conseils d'arrondissement voter
d'enthousiasme des travaux mille fois plus importants et
dispendieux ! C'est impossible.

(1) D'après la loi du 20 mars 1835, la classification d'une route
départementale ne peut avoir lieu qu'autant que le vote du Conseil
général A ÉTÉ PRÉCÉDÉ de l'enquête prescrite par l'art. 3 de la
loi du 7 juillet 1833. (Voyez Foucard, Éléments de droit public admi-
nistratif, t. II, p. 361).

XXVI.

La combinaison n'est pas seulement désastreuse et la délibération illégale. Le Conseil général en s'arrogeant le droit de taxer les communes et les villes intéressées, a gravement, selon nous, dépassé ses pouvoirs. L'indépendance municipale, sur ce point, a toujours été maintenue avec vigilance par les divers gouvernements qui se sont succédé, et la loi du 21 mai 1836, sur les chemins vicinaux, est la seule qui admette une exception et la taxe d'office par le préfet pour le cas où les chemins classés éprouveraient de la part des communes traversées des refus injustes de concours.

Le décret sur les routes départementales maintient le droit des communes, et range ces dernières dans la catégorie des propriétaires qui peuvent faire des offres pour contribuer à ces travaux, sans être forcés d'en supporter une part (1). Or, dans le cas actuel, sur quel texte ou sur quel

(1) La loi de 1842 sur les chemins de fer n'offre pas plus de ressources à M. de La Guéronnière, quoiqu'il dise « La substitution du « département aidé par les ressources communales, à l'Etat, dans « les termes mêmes posés par la loi de 1842. Voilà en peu de mots « le système nouveau qui me semble devoir favoriser presque partout « en France le prompt achèvement des chemins de fer d'embranche- « ment. »

La loi de 1842 répartit entre l'Etat, le département, la commune et les compagnies les dépenses relatives à la construction des chemins de fer. Tenant compte de la méfiance qui avait accueilli en France l'établissement projeté de voies ferrées, elle organise avec prudence toutes les forces publiques et privées en vue d'une action commune. Le département et les communes supportent une part évaluée aux deux tiers de la dépense nécessitée par les acquisitions de terrains, les travaux d'art et les terrassements. L'Etat prend à sa charge l'autre tiers, construit les gares à ses frais à . . . . . La loi de 1842

prétexte, le Conseil général peut-il s'appuyer pour voter à la charge des communes la somme d'un million ? « Laissant à « M. le Préfet toute latitude pour la révision de ces contin- « gents et leur augmentation, s'il est possible ? » (Rapport de M. Chagot.) Un tel empiétement sur les droits d'autrui demande qu'on le signale ; mais il ne suffit pas d'une protestation isolée contre de pareils abus. Les votes des municipalités affirmant leur droit par la pratique du refus, peuvent seuls mettre une barrière à des prétentions qui s'avouent si audacieusement (1).

XXVII.

Il y a là une grave atteinte portée au droit des communes, M. de la Guéronnière l'a bien compris et n'ose pas cette fois tourner la difficulté. Il l'aborde, mais d'après nous pour s'y perdre.

« Je trouve préférable, dit M. le Préfet, de conserver à « nos chemins leur véritable caractère (départemental). Le

repose sur une association ; lui enlever un de ses éléments, c'est la briser. En vain proposerez-vous de substituer le département à l'Etat dans les termes mêmes posés par cette loi. La loi est détruite par le fait même de l'exonération de l'État.

(1) L'honorable rapporteur appuie son opinion sur un motif avec lequel on justifierait toutes les spoliations : « Il a toujours été admis, dit-il, que *les communes devaient contribuer aux dépenses qui leur profitent*, et le Conseil général réserve souvent son intervention dans certains travaux de routes départementales. » Oui, sans doute ; mais selon des formes positives, réglées par la loi et point du tout au nom d'un principe vague et par cela même dangereux. Sans cela, s'il suffisait d'avancer que telle commune *profite* de telle dépense pour l'imposer, nos communes seraient vite ruinées. On sait que les communes de notre département possèdent pour 40 millions de propriétés. 40 millions ! quelle tentation !

« classement (en chemins vicinaux) offre, il est vrai, cet
« avantage, qu'il met dans la main de l'Administration une
« arme contre l'apathie ou le refus de concours des commu-
« nes. Leurs contingents sont taxés d'office ; mais j'ai trop
« de confiance dans l'opportunité de nos projets, le con-
« cours des communes est réclamé dans des proportions
« trop justes pour que je puisse douter de leur adhésion. »

Voici maintenant le comminatoire, que le *Journal de
Saône-et-Loire*, auquel les maires sont abonnés d'office,
s'est bien gardé de publier sans avertir au préalable qu'il
supprimait douze pages du rapport. « Si j'éprouvais une
« déception, si les sommes que le Conseil général fixera
« n'étaient pas accordées par les Conseils municipaux, vous
« resteriez libres, messieurs, de renoncer à cette grande
« amélioration, qui pour être possible doit être sanctionnée
« par la volonté unanime du pays, ou bien vous pourriez
« employer l'autorité que la loi vous donne, et recourir plus
« tard au classement comme *mesure de rigueur* pour
« dominer le mauvais vouloir qui s'aveuglerait sur son
« propre intérêt. »

Il n'y a d'aveuglé ici que M. le préfet, car il n'a certainement pas vu, qu'agir comme il le propose, serait transfor-
mer la législation rurale de 1836 en loi correctionnelle, la
bouleverser dans sa lettre et dans son esprit, ériger le Conseil général en tribunal de police judiciaire, se moquer des
communes qui usent de leur droit et le rendre illusoire par
un travestissement de nom et un moyen indigne d'un préfet et d'un Conseil général.

D'ailleurs où M. le Préfet reviendrait-il ? sinon au point
de départ et au plan de M. Migneret, qu'il rejette d'accord
avec M. Chagot, par de si graves raisons.

L'esprit n'est pas bon à tout !

XXVIII.

Si de l'illégalité relative aux communes nous nous élevons maintenant à considérer le projet dans son ensemble, nous assistons à ce spectacle inouï d'un plan en dehors de toutes les règles soumis au vote d'un Conseil général incompétent qui approuve. Point de loi, à défaut de loi point de coutume, aucun précédent à invoquer. Entendez le *Journal* officiel de *Saône-et-Loire* faire l'éloge du projet et vous jugerez de sa valeur légale ; l'aveu est complet.

« Sans attendre le vote de la loi promise, le Conseil géné-
« ral entraîné par le mouvement du progrès, s'est lancé en
« avant avec résolution et courage. Il a rompu les liens
« étroits des anciennes traditions ; il a donné autour de lui
« un noble exemple à suivre en décidant que le départe-
« ment, se substituant à l'Etat pour la construction des
« chemins de fer d'embranchement, assurerait lui-même
« aux populations légitimement impatientes, les bienfaits
« dont le gouvernement a été jusqu'ici le dispensateur. »

Cela est clair. Le Conseil général entraîné, brise avec les traditions, *c'est-à-dire avec la loi, et se substitue à l'Etat* pour dispenser des bienfaits aux populations impatientes. Il n'y a pas de commentaire qui vaille cette rédaction-là, et si le gouvernement laisse faire, je ne vois pas ce qu'il pourrait dire, s'il prenait jamais fantaisie au Conseil général de se substituer à l'Etat, pour d'autres actes ou d'autres bienfaits qui pourraient sembler fort dangereux à l'Etat.

En cas de refus, il pourrait au moins invoquer un précédent, ce qui lui manque pour le projet d'aujourd'hui.

XXIX.

Il faut conclure :

Malgré le vote du Conseil général et à cause même de ce vote, j'espère que le chemin de fer défectueux, ruineux, insuffisant, nuisible à notre avenir, dangereux, illégal, dont nous sommes menacés, ne passera pas au crible de la commission d'enquête qui aurait dû précéder et non suivre ce vote, des délibérations des communes, des avis du Conseil général, des ponts-et-chaussées, de la Commission supérieure des chemins de fer et du Conseil d'Etat et, enfin, du vote du Corps législatif.

XXX.

Je crois avoir suffisamment prouvé que nous avons droit à une voie ferrée de grande exploitation ; j'ose ajouter que nous pouvons l'obtenir sans que le gouvernement soit tenu de donner une subvention, nous ne lui demandons que son impartialité et la liberté. « L'esprit d'association, « dit M. de la Guéronnière dans son rapport, en nous apprenant les résultats obtenus par ce moyen en Angleterre et en Ecosse, existe beaucoup moins chez nous que « chez nos voisins d'Outre-Mer et l'on trouverait difficilement des capitaux assez aventureux pour entreprendre « des chemins de fer en dehors des grandes artères de la « circulation. Voilà pourquoi il faut que les départements « et les villes, quand leurs finances le leur permettent, se « substituent à l'Etat pour subventionner les Compagnies. »

Si cette nécessité existait, je la considèrerais comme un malheur et je conviendrais qu'elle nous place dans un état d'infériorité déplorable vis à vis de nos voisins ; mais sur ce sujet, le gouvernement doit s'interroger et sentir que la responsabilité du reproche qui nous est adressé, revient à ce système de centralisation et d'action exclusive, exercé par l'Etat en France. Tout se fait en son nom, sous sa tutelle et rentre dans son organisation. Pas la plus simple association d'agriculture, de charité, de littérature ou de science qui n'ait besoin de son patronage et qui ne soit exposée à son inquisition. Il faut un lieutenant breveté pour faire manœuvrer une pompe dans les incendies, et un président nommé par l'Empereur pour porter les secours d'une mutuelle solidarité dans le malheur. Partout la main de l'Etat qui comprime, partout le pouvoir qui croit se fortifier en étant seul à agir, et le pays se couvre de fonctionnaires, de tout ordre et de tout grade, dont le nombre va sans cesse croissant. Je ne sais ce qui gagne le cerveau de la France, mais les membres s'y étiolent et l'initiative individuelle y périt.

XXXI.

Je suis loin pourtant de tout blâmer. Dans une grande nation comme la France, les chemins de fer n'ont pas une importance seulement industrielle, les grandes lignes sont surtout nationales et stratégiques et cela suffit pour justifier le concours de l'Etat dans leur exécution. Nous avons obtenu ainsi la voie ferrée de Paris à Lyon par Dijon, la plus admirable de l'univers peut-être ; mais cela fait, le chemin de fer rentre dans la catégorie commune, il devient exclusivement industriel, commercial et agricole ; c'est alors qu'il faut appliquer le système anglais du *laisser faire*, rien de plus, rien de moins. La nécessité, les besoins, la spéculation créeraient les chemins de fer et la réponse invariable et très-équitable du gouvernement à toute demande de concession, serait celle-ci : Faites, mais suffisez-vous à vous-mêmes, ou plutôt le gouvernement n'aurait

pas la peine de répondre, chacun s'efforcerait de venir à
bout de ses entreprises avec ses seules forces ; la faveur, le
crédit, les positions politiques n'encourraient plus le reproche de décider d'un tracé de chemin de fer au détriment
peut-être de l'intérêt général ; la moralité publique et privée y gagnerait !

Je suis persuadé que les capitaux n'ont la timidité, dont
se plaint M. de La Guéronnière, que par défaut de liberté.
L'audace et même la folie de tant d'entreprises particuliè-
res donnent la mesure de ce que ferait l'esprit d'association en France délivré de ses entraves. Notre caractère na-
tional se retrouve partout et ne pêche pas par pusillani-
mité, seulement ne nous coupez pas les ailes, laissez aux
entreprises la concurrence et assurez leur l'égalité ! Les ca-
pitalistes sauront bien vite mettre d'accord leurs intérêts
avec ceux des populations. S'il y a une voie à faire qui ré-
ponde véritablement aux besoins de l'agriculture, du commerce ou de la circulation, ils la découvriront avant vous.
Les Compagnies se disputeront l'entreprise et celle qui
l'emportera se placera dans les conditions les plus avan-
tageuses de bon marché et de bonne exécution.

XXXII.

Le Gouvernement n'est peut-être pas aussi loin d'entrer
dans cette voie qu'on pourrait le supposer. A bout de subventions, débordé par les demandes, ayant affaire à des
Conseils généraux qui, après réflexion, ne seront probable-
ment pas flattés d'assumer la responsabilité de pareils impôts, il lui restera la concession. On peut déjà citer quelques exemples de chemins de fer concédés sans subvention ; dans la zône même du chemin de Paris à Lyon qui
embrasse le tiers de la France, on en compte deux décrétés dans cette année même de 1864 et malgré l'état peu sa-

tisfaisant des affaires financières, commerciales et industrielles; c'est d'abord une Compagnie anglo-française qui
se charge de faire une voie ferrée d'Orléans à Châlons-sur-
Marne par Sens et Troyes, c'est ensuite la Compagnie des
houillères d'Épinac qui se charge de relier par une voie
ferrée le chemin d'Étang à Santenay au grand chemin de
Paris à Lyon à la station de Velars. (Décrets des 14 juin et
1er août 1864.) Il est vrai que les lignes concédées sont
transversales et non *parallèles* et qu'à ce titre elles n'ins-
pirent pas le sentiment de la rivalité à la grande Compagnie de Paris-Lyon; mais toujours est-ce un premier pas
fait dans la voie de la concurrence, et après les lignes de
l'Est à l'Ouest, celles du Nord au Midi auront leur tour!

XXXIII.

Le département de Saône-et-Loire, sous la tutelle admi-
nistrative, ignore encore celui de tous les chemins qui
importe le plus à son avenir. Il existe un projet simple,
facile d'exécution, admirable d'avantages, c'est la rectification de la ligne de Lyon à Paris, entre Mâcon et Auxerre,
en suivant à peu près l'ancienne route de Paris à Lyon
(voir le profil ci-joint), et on peut dire qu'il intéresse au
plus haut point notre département tout entier et une grande
partie du commerce de la France. De Mâcon, il se dirige
par Saint-Sorlin sur Cluny, et pendant un parcours de
18 kilomètres se confond dans le chemin de Paray. Double raison pour établir une voie spacieuse et faire le percement du Bois-Clair selon toutes les règles de l'art et
dans les conditions les plus parfaites; ne serait-ce que
comme amorce au chemin de fer rectificatif! De Cluny le
chemin se poursuit sur Marcilly, Salornay, Jancy, Mont-
Chanin, Rigny, près d'Autun, s'engage dans le département de la Côte-d'Or, passe à Saulieu et vient rejoindre à

Avallon le chemin décrété d'Avallon à Auxerre. C'est la ligne naturelle et directe de Paris à Lyon, de Paris à Genève, de Paris à Turin ; elle raccourcirait le parcours entre Paris et Chalon-sur-Saône et Louhans de 30 kilomètres ; par son embranchement à Rigny avec le chemin d'Autun à Santenay, entre Paris et Lyon, de 46 kilomètres ; entre Paris et Mâcon, et, par conséquent, entre Paris et Genève et Turin, de 41 kilomètres. Ce raccourcissement serait encore augmenté de 2 kilomètres par un changement peu considérable du chemin actuel entre Auxerre et Joigny.

Cette ligne directe a pu être momentanément écartée pour desservir une ville comme Dijon, elle peut être maintenant redoutée et combattue par la Compagnie de Lyon ; mais sa supériorité qui fait ombrage est aussi sa force ; elle triomphera du monopole.

XXXIV.

L'auteur de ce beau projet est M. Raudot. M. Raudot est-il un industriel, un faiseur d'affaires ? Pas le moins du monde ; c'est un propriétaire, homme d'intelligence et de dévouement , chargé pendant longtemps par les libres suffrages de ses concitoyens de représenter le canton d'Avallon au Conseil général de l'Yonne, et le département de l'Yonne à l'Assemblée nationale, et pour qui ce double honneur était un héritage, son père avait été longtemps secrétaire du Conseil général de l'Yonne et député.

M. Raudot est-il un rêveur, un utopiste enthousiaste ? c'est, au contraire, l'homme le plus positif. La ville d'Avallon, placée sur un haut plateau, sans eau, a maintenant partout des fontaines jaillissantes, grâce à un des plus beaux travaux hydrauliques qu'il y ait en France, exécuté sur les plans de M. Belgrand, actuellement ingénieur en chef à Paris ; c'est M. Raudot qui eut, le premier, l'idée d'amener des sources et proposa, malgré l'incrédulité générale, cette grande entreprise au Conseil municipal. En 1842, lorsqu'on voulut à toute force faire passer la ligne de Lyon par Dijon, en faisant un grand coude, M. Raudot se fit, à la demande de ses associés, le directeur d'une société d'étude qui voulait prouver et prouva par des travaux considérables que la ligne droite qu'on déclarait, sans examen, impraticable, était au contraire parfaitement possible.

M. Raudot fut un des membres les plus laborieux de l'Assemblée nationale ; il fit partie des commissions les plus importantes, notamment de la Commission des canaux et de la Commission du budget.

Quoique M. Raudot n'eût pas réussi en 1842 à faire suivre la ligne droite au chemin de fer de Lyon, il n'en était pas moins convaincu que tôt ou tard on reviendrait à une idée simple et juste, et à une direction qui présenterait des avantages immenses au public ; et il n'a jamais cessé de s'occuper activement de cette grande question ; il n'est pas un vallon, un plateau, un coin de terre pour ainsi dire entre Avallon et Chalon-sur-Saône, entre Avallon et Mâcon qu'il n'ait examiné, exploré, la carte de l'état major sous les yeux et souvent le niveau à la main. Il a suivi toutes les directions possibles ou impossibles, et c'est le résultat de ses travaux, le meilleur tracé à suivre qu'il a voulu faire connaître au public et aux Conseils généraux intéressés.

A la session dernière du Conseil général de l'Yonne, le rapporteur de la Commission de viabilité fit en termes favorables un rapport sur le projet de M. Raudot. Or, ce rapporteur était M. Belgrand, un des ingénieurs les plus distingués de France, et qui pouvait parler avec d'autant plus d'autorité de la rectification de la ligne de Lyon qu'il connaissait parfaitement le pays, ayant été longtemps ingénieur à Semur et à Avallon.

Ce projet de rectification de la ligne de Lyon, fruit des

longues études de M. Raudot, qui procurerait au commerce
et aux voyageurs un bénéfice annuel de plusieurs millions,
est un chef-d'œuvre que nous voulons faire connaître à
ceux de nos lecteurs qui s'intéressent, comme lui, comme
nous, à l'avenir de notre pays. Ils verront à quel prix la
vérité et la justice triomphent, en répandant à flot la
science et la lumière, là où l'intérêt particulier cherche à
entretenir la confusion et l'ignorance. M. Raudot a profité
de toutes les occasions qui peuvent offrir un appui ou un
service à sa cause. Le chemin de fer de Mâcon à Paray
suit le même parcours pendant 18 kilomètres. C'est le
manche de la fourche, comme l'a dit M. Dupin à propos
d'un tronçon commun aux différents chemins de fer du
Nivernais, seulement il faut que le manche soit solide et
bien ajusté. L'étude des chemins de fer vicinaux conduit les
agents voyers de la Côte-d'Or de la plaine d'Autun à Saulieu sur le tracé de M. Raudot (ces études se font au moment où j'écris). Saulieu réclame à cor et à cri sa jonction
avec Avallon ; d'Avallon à Auxerre, le chemin de fer est
décrété ; d'Auxerre à Laroche il est fait ; que manquera-t-il
bientôt à ces parties éparses pour avoir l'unité et un grand
nom ? 90 kilomètres de voie ferrée, depuis Cluny jusqu'à
Ygornay ; mais surtout rappelons-nous que Cluny et le
percement du Bois-Clair sont pour l'instant la clef de voûte
du chemin ; et quand on nous refuserait tout le reste, il
faudrait encore nous liguer pour obtenir le souterrain du
Bois-Clair dans des conditions qui ne compromettent pas
l'avenir. Si par hasard, comme je l'entends dire, la Compagnie de Lyon acceptait les sept millions votés et se char-
geait des chemins de fer départementaux, savez-vous
pourquoi elle le ferait ? Ce serait afin d'exécuter la traversée du Bois-Clair dans de détestables conditions qui ren-
draient impossible la rectification de la ligne de Lyon dans
les conditions normales ; mais le public et le Gouvernement avertis préviendront cette déplorable combinaison.

Plus de quatre-vingts Conseils municipaux ont déjà émis des vœux en faveur du chemin direct; avant peu toutes les communes intéressées et les Conseils généraux de l'Yonne, du Jura, de l'Ain, du Rhône et même de Saône-et-Loire, le demanderont; car nous en appelons de notre Conseil général mal informé à notre Conseil bien informé.

XXXV.

Un chemin de fer tel que celui qui vient d'être décrit tenterait évidemment les capitaux, et offrirait des chances de bénéfice capables de constituer une Compagnie assez puissante pour lutter contre celle de Lyon, si l'accord ne paraissait pas préférable. Marseille et Lyon sont des villes où la richesse, l'indépendance du caractère et le goût des grandes entreprises ont produit d'immenses résultats. Je ne demanderais au gouvernement que la promesse de concéder *la rectification de la ligne de Lyon avec embranchement sur Charolles et Paray,* sans subvention, à une Compagnie sérieuse, pour voir le commerce de ces villes, compétent assurément sur ses propres intérêts, fournir plus de millions qu'il n'en faudrait pour l'exécuter.

Si vous aviez des doutes, je vous rappellerais deux exemples qui vont les dissiper. Les compagnies qui viennent d'obtenir les concessions sans subvention aucune des chemins de fer d'Orléans à Châlon-sur-Marne et d'Epinay à Velars, n'auront que le faible trafic de lignes transversales, et l'on ne trouverait pas de compagnie pour prendre un chemin de fer qui traverserait du nord au midi le plus grand bassin houiller du centre de la France, desservirait sur Paris et sur Lyon directement, le grand établissement industriel du Creuzot, et serait le plus court possible entre Paris et Lyon, entre Paris et Genève, entre Paris et Turin! Mais si vous annoncez que vous êtes prêt à concéder ce chemin, au défaut de la compagnie de Lyon, il se trouvera pour l'exécuter dix compagnies pour une.

Il se trouvera même une compagnie pour le chemin de Louhans à Châlon-sur-Saône, car certainement, ce chemin allant dans la direction de Paris, traversant sans difficultés des plaines fertiles et peuplées, rapporterait autant et plus que le chemin transversal d'Orléans à Châlon-sur-Marne, et que celui d'Epinay à Velars parallèle au chemin de Lyon, sur toute sa longueur.

Mais dira-t-on peut-être, c'est à la fois une ligne rivale de celle de Lyon, que vous demandez et une ligne transversale, et il y a justice de la part du gouvernement à ne pas permettre qu'une concurrence s'élève contre une compagnie qui a fait tant de sacrifices pour exécuter les lignes improductives que le gouvernement lui a imposées.

XXXVI.

Je demande à faire deux réponses. La première c'est que le Gouvernement n'avait aucun droit pour exiger l'établissement de tel ou tel chemin de fer aux Compagnies ; la seconde, c'est que si les Compagnies n'ont pas su résister, elles doivent subir les conséquences de leur faiblesse. Je ne connais d'avouable et de certain sur la matière que le *cahier des charges*, et celui de la Compagnie de Paris à Lyon ne contient rien qui permette de croire qu'on a pu lui imposer des travaux contre son gré. J'y vois, au contraire, que le Gouvernement s'est réservé formellement le droit de faire telle concession qui lui paraîtrait favorable à l'intérêt général, sur tel point de la ligne qui lui conviendrait, avec facilité de se servir de la voie principale. Telle est la loi de la Compagnie de Paris à Lyon et je l'invoque pour demander la rectification du chemin de Lyon avec l'embranchement en question. Le Gouvernement, après avoir aidé de tous ses moyens à la confection des chemins de fer, ne saurait aujourd'hui vouloir les empêcher ! Remarquons encore, que de tous les chemins de fer de l'Europe, les chemins français sont ceux qui rapportent les plus forts intérêts. S'ils sont obtenus naturellement, selon la loi d'égalité et de liberté qui préside à toutes les opérations commerciales et industrielles en France, rien de mieux. Mais si nulle concurrence n'est admise, s'il y a *monopole* du transport des marchandises et de la circulation des voyageurs, si cette Compagnie impose à l'un et à l'autre un allongement de 40 à 50 kilomètres, alors, je m'élève contre ces gros dividendes, je demande que le public ne soit plus constitué en perte de temps et d'argent pour enrichir une Compagnie.

D'ailleurs qu'on cesse donc de s'apitoyer sur le sort de cette pauvre Compagnie de Lyon, dont le chemin suffit à peine à un trafic immense, qui est obligée d'agrandir plusieurs de ses gares et notamment celle de Dijon où l'espace manque aux quatre-vingts trains qui y passent chaque jour. Lorsque l'isthme de Suez et le Montcenis seront percés, lorsque le grand courant du commerce entre l'Orient et l'Occident prendra la ligne de Marseille à Paris et à l'Océan, lorsque les trois quarts de l'Italie communiqueront avec Paris par le Montcenis et Mâcon, lorsque les chemins de fer en cours d'exécution en France et à l'étranger seront terminés et amèneront à la gare de Dijon tous les voyageurs et les marchandises du nord-est de la France pour Lyon et la Méditerranée, de la Suisse, de Milan, de l'Allemagne méridionale pour Paris, le chemin actuel de Lyon par Dijon sera complètement insuffisant et la Compagnie elle-même de Lyon sera bien forcée de reconnaître que le chemin que nous sollicitons est non seulement utile mais nécessaire, mais indispensable.

45

En résumé :

Ne vous faites pas, contre l'intérêt général, les serviteurs du monopole ; laissez à l'industrie privée sa liberté pleine et entière ; donnez-lui seulement sécurité, et l'industrie privée fera promptement et très-bien ces chemins de fer que vous feriez péniblement et très-mal par des moyens illégaux, imprudents, dangereux, et en mettant sur notre département, sur nous, nos enfants et nos petits-enfants une charge très-onéreuse et très-inutile.

Nancelles, novembre 1864.

CHEMIN D'AVALLON A MACON

PIÈCES JUSTIFICATIVES.

Le Conseil général de l'Yonne était saisi pour la seconde fois du projet sommaire, élaboré par M. Raudot, d'un chemin de fer rectifiant la ligne de Paris à Lyon par Dijon. Il s'agissait d'un chemin à établir entre Avallon et Mâcon. Ce projet, qui intéresse vivement Auxerre et tout l'Avallonnais, a obtenu la bonne fortune d'un rapport favorable de M. Belgrand, notre éminent ingénieur, qui est en même temps membre du Conseil général. Voici ce rapport, qui reçoit de la haute autorité scientifique de M. Belgrand et de ses conclusions favorables une importance considérable :

« Messieurs , a dit l'honorable membre, notre ancien collègue M. Raudot présente de nouveau au Conseil général de l'Yonne un projet de chemin de fer qui, reliant les deux lignes concédées d'Auxerre à Avallon et d'Étang à Santenay, devient une véritable rectification du chemin de fer de Paris à Lyon.

« L'année dernière, tout en reconnaissant l'importance de cette rectification, vous avez passé à l'ordre du jour sur la proposition de M. Raudot parce qu'elle vous paraissait inopportune. Aujourd'hui M. Raudot revient à la charge avec des faits nouveaux.

« M. Liénard, agent-voyer du département de la Côte-d'Or, a présenté un projet de chemins de fer vicinaux parmi lesquels se trouve une ligne d'Autun à Montbard par Arnay-le-Duc, Précy-sous-Til et Semur, qui rectifie également le chemin de fer de Paris à Lyon, mais qui le rectifie mal puisqu'elle l'écarte du tracé le plus court qui passe nécessairement par Avallon.

« M. Raudot a du reste amélioré son tracé. Au lieu de le relier vers Chagny à la ligne de Lyon, il le conduit directement à Mâcon par Montchanin. Il rectifie aussi le chemin d'Auxerre à Laroche et abrége ainsi de 48 kilomètres le trajet de Paris à Lyon.

« Nous donnerons en peu de mots une idée du projet de M. Raudot.

« On sait que le Morvand forme une sorte de promontoire qui s'a-
vance du sud au nord, dans le bassin de la Seine et qui, vers les sources
de l'Yonne, s'élève à neuf cents mètres au-dessus du niveau de la mer.
Le Morvand est entouré de trois côtés par une dépression profonde
A l'ouest, c'est la large plaine de Corbigny, au fond de laquelle coule
l'Yonne ; au nord, le bassin de Vézelay ; à l'est et au sud-est, le
plateau de l'Auxois, vulgairement désigné sous le nom de vallée
d'Époisses et la plaine de l'Arroux. Ces dépressions s'élèvent à peine
à trois cents mètres au-dessus de la mer, c'est-à-dire qu'elles sont
beaucoup plus basses non seulement que le Morvand, mais encore que
le reste de la chaîne de la Côte-d'Or.

« Si l'on compare le Morvand à une gigantesque forteresse, le bassin de Corbigny, l'Auxois et la plaine de l'Arroux sont le fond du fossé,
le mont Afrique et la chaîne calcaire de la Côte-d'Or, le chemin
couvert et le glacis.

« C'était, suivant nous, au fond du fossé, près d'Avallon, que devait
passer le chemin de fer de Paris à Lyon, pour se diriger soit vers
Chagny, soit vers Mâcon. Comment s'est-on écarté autant du tracé
normal ? C'est ce qu'il ne nous appartient pas d'examiner ici.

« Quelques efforts furent néanmoins tentés pour maintenir le tracé
dans sa véritable direction. Vers 1839, M. Bruchet, ingénieur civil,
dont l'œuvre méritait un meilleur sort, fit une étude directe du chemin de fer de Lyon par l'Auxois. En 1844 et 1845, à la demande de
M. Philippe Dupin, notre député, le ministre des travaux publics
ordonna une étude sommaire pour la même contrée. Nous accompa-
gnâmes sur les lieux le directeur du chemin de fer, M. Jullien, et nous
le laissâmes convaincu qu'en suivant cette direction, on aurait obtenu
une économie considérable d'argent et de parcours.

« Mais la loi de 1842 était votée ; la chaîne de la Côte-d'Or fut
percée à Blaizy et tous les voyageurs condamnés à faire un long détour
par Dijon pour aller à Lyon et à Marseille. Le chemin projeté par
M. Raudot suit à peu près la direction normale. Il est d'une grande
importance pour tout le département et surtout pour Auxerre et pour
Avallon. Si le chemin de fer de Paris à Lyon doit être rectifié, il
faut qu'il soit dirigé suivant la véritable direction ; c'est-à-dire qu'à
partir d'Avallon, il suive les bords du Bas-Morvand jusqu'à la vallée
de l'Arroux.

« Il serait très-malheureux qu'on prît pour la seconde fois une fausse direction en passant par Arnay-le-Duc, Semur et Montbard ou par le Haut-Morvand, comme on le propose dans le département de la Nièvre.

« La seconde commission estime donc qu'il y a lieu de renvoyer le travail de M. Raudot à M. le Préfet. »

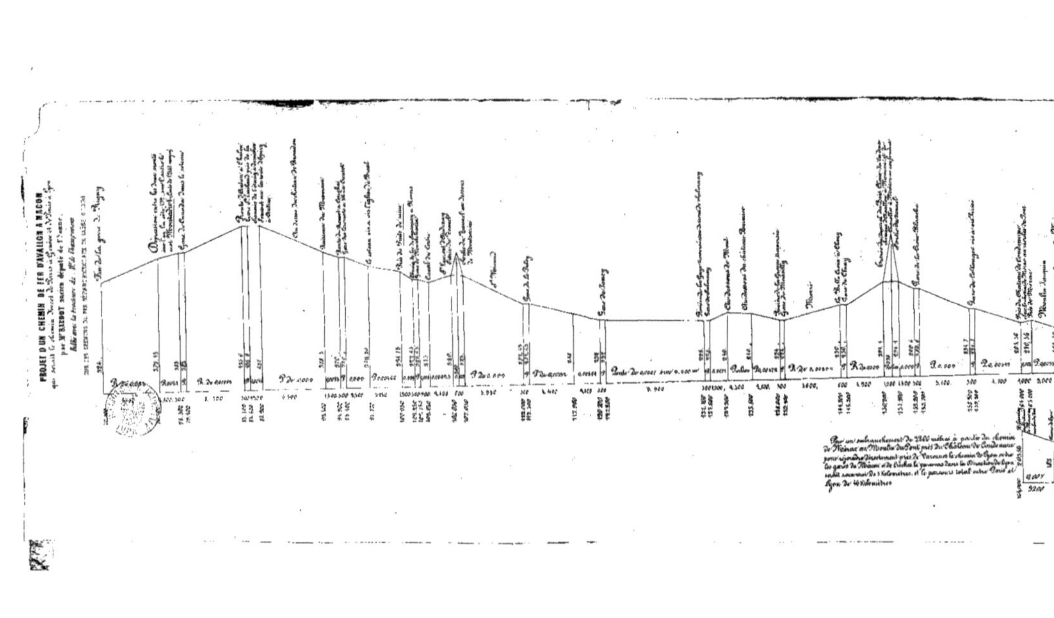

PROJET D'UN CHEMIN DE FER D'AVALLON À MÂCON
par M. RIEBOT